Rédaction : Suzanne Agnely et Jean Barraud,
assistés de J. Bonhomme, N. Chassériau et L. Aubert-Audigier.
Iconographie : A.-M. Moyse, assistée de N. Orlando.
Mise en pages : E. Riffe, d'après une maquette de H. Serres-Cousiné.
Correction : L. Petithory, B. Dauphin, P. Aristide.
Cartes : D. Horvath.

© *Librairie Larousse. Dépôt légal 1980-3ᵉ — Nᵒ de série Éditeur 10073.*
Imprimé en France par Arts Graphiques DMC, Mulhouse (Printed in France).
Librairie Larousse (Canada) limitée, propriétaire pour le Canada
des droits d'auteur et des marques de commerce Larousse.
Distributeur exclusif pour le Canada : les Éditions françaises Inc.
licencié quant aux droits d'auteur et usager inscrit des marques pour le Canada.

Iconographie : tous droits réservés à A. D. A. G. P. et S. P. A. D. E. M.
pour les œuvres artistiques de leurs adhérents.
ISBN 2-03-013487-2

le Canada

Librairie Larousse

17, rue du Montparnasse, 75006 Paris.

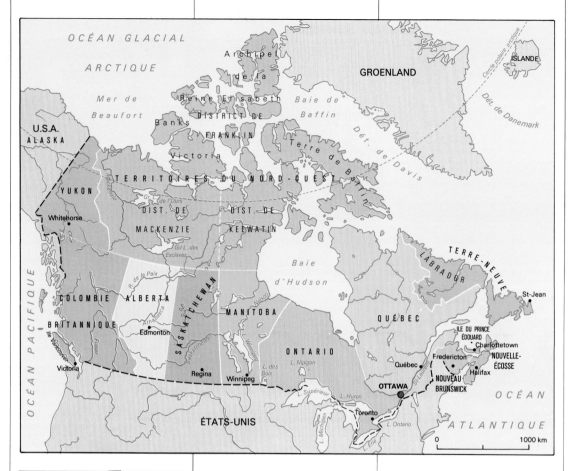

dans les Provinces
maritimes,
le souvenir des Acadiens
page 14

Saint-Pierre-et-Miquelon
page 16

l'Ontario, homologue anglais
du Québec
page 17

Winnipeg,
carrefour du Canada
page 21

Regina,
Q. G. de la police montée
page 22

la grande aventure
du Canadian Pacific
page 22

le Canada
par Gérald Pechmèze

Montréal, deuxième ville
francophone du monde
page 1

Québec,
une ville de la vieille Europe
page 4

la joie de vivre au Québec
page 8

la Gaspésie et les Indiens
de la Restigouche
page 8

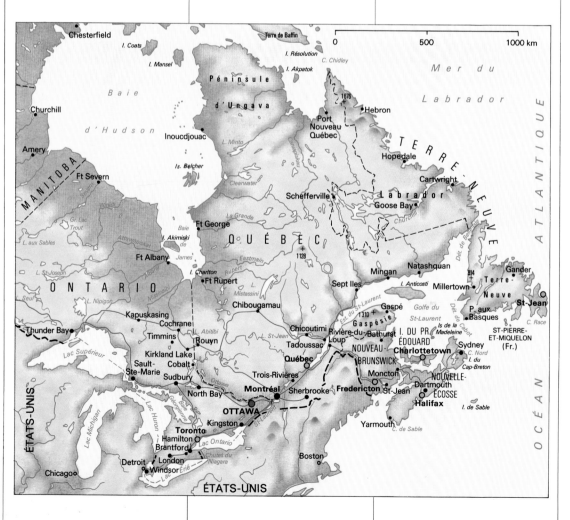

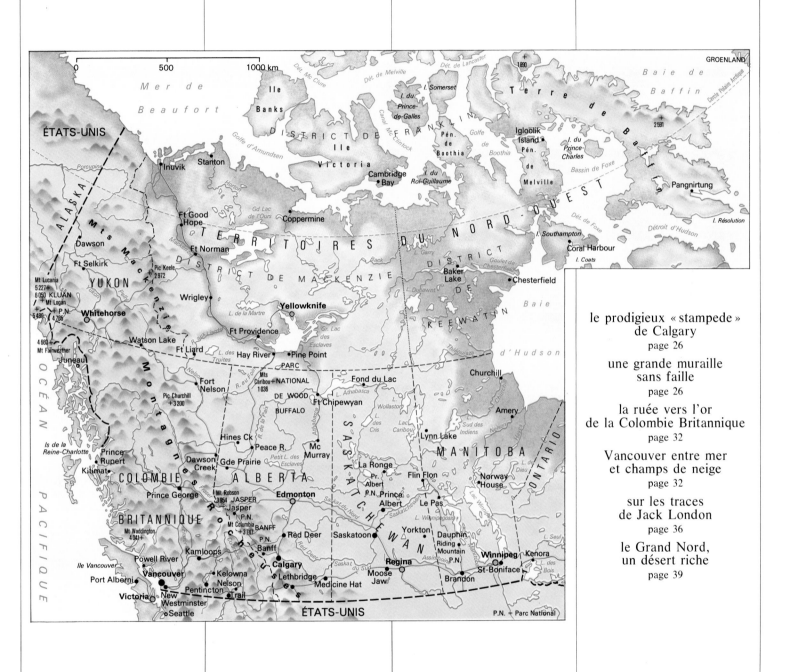

le prodigieux « stampede »
de Calgary
page 26

une grande muraille
sans faille
page 26

la ruée vers l'or
de la Colombie Britannique
page 32

Vancouver entre mer
et champs de neige
page 32

sur les traces
de Jack London
page 36

le Grand Nord,
un désert riche
page 39

le Canada

La devise *A mari usque ad mare* (« De la mer à la mer »), qui figure sur les armes du Canada, décrit bien la partie habitée du pays : une bande de 5 000 km de long, étirée de l'Atlantique au Pacifique sur quelques centaines de kilomètres de largeur seulement. Toutes les villes importantes, toutes les cultures et la plupart des industries se sont, depuis trois siècles, implantées là. Et pour cause : au sud, il y a les États-Unis ; au nord, la forêt, les lacs immenses, le pergélisol (la terre qui ne dégèle jamais), la savane subarctique, la toundra arctique, inhabitables dans des conditions normales. Les quelque 23 millions de Canadiens n'occupent en permanence que 7 p. 100 du territoire. C'est dire l'attrait touristique d'un pays où la nature est reine et où le visiteur se croit ramené en arrière de deux siècles en découvrant le mode de vie des coureurs des bois.

▲
L'hiver est rude au Canada, et le Saint-Laurent, malgré les efforts des brise-glace, n'est navigable que huit mois sur douze.
Phot. Launois-Rapho

La faible densité de la population est en grande partie due au climat : située à une latitude modérée — celle de la France et du Benelux —, la région habitée du Canada est refroidie par son caractère continental et, à l'est, par le courant froid du Labrador. L'énorme estuaire du Saint-Laurent gèle de décembre à avril, à la latitude de la Bretagne.

Autre facteur de préservation : l'immensité du pays. Il n'y a qu'un siècle que le chemin de fer relie la côte est à la côte ouest, et la Transcanadienne, la grande route transcontinentale, n'est ouverte d'un bout de l'année à l'autre que depuis les années 60.

Voilà qui explique la richesse de la flore et de la faune, qui s'épanouissent souvent dans de fabuleux paysages demeurés intacts. Car, si l'on excepte la Prairie centrale — qui, il est vrai, déroule son tapis sur 3 000 km — et la

zone cultivée de l'Est, le reste n'est que forêts sauvages, lacs et rivières. Avec, à l'ouest, les spectaculaires montagnes Rocheuses, qui, de chaîne en chaîne, finissent par plonger directement dans le Pacifique, où des conifères comme le sapin de Douglas, qui peut atteindre 80 m, ont littéralement les pieds dans l'eau.

Montréal, deuxième ville francophone du monde

C'est souvent à Mirabel, l'aéroport international de Montréal, que l'on aborde le Canada, et, surtout si l'on vient d'Europe, les paysages

1

Histoire
Quelques repères

V. 1000 : le Norvégien Leiv Eriksson découvre le Labrador et Terre-Neuve.

1497 : le Vénitien Jean Cabot explore le Labrador et Terre-Neuve pour le compte des Anglais.

1534 : Jacques Cartier débarque à Gaspé et prend possession de la péninsule au nom du roi de France.

1583 : sir Humphrey Gilbert annexe une partie de Terre-Neuve au nom de l'Angleterre.

1604 : les Français s'établissent en Acadie.

1608 : Champlain fonde Québec.

1610 : Henry Hudson pénètre dans la baie qui portera son nom.

1642 : Maisonneuve fonde Ville-Marie dans l'île de Montréal.

1670 : création de la Compagnie anglaise de la baie d'Hudson.

1713 : traité d'Utrecht ; la France perd la baie d'Hudson, Terre-Neuve et l'Acadie.

1741-1743 : La Verendrye étend le territoire de la Nouvelle-France jusqu'aux montagnes Rocheuses.

1755 : «Grand Dérangement» ; les Anglais déportent les Acadiens en Amérique du Nord.

1756 : début de la guerre franco-anglaise de Sept Ans.

1759 : les Anglais prennent Québec.

1763 : traité de Paris ; la France cède la Nouvelle-France à l'Angleterre.

1774 : l'Acte de Québec reconnaît l'existence légale des Canadiens français.

1775 : les colons américains révoltés contre la Grande-Bretagne envahissent le Canada, comptant sur l'appui des Canadiens français, mais ceux-ci refusent de les aider.

1783 : après le traité de Versailles, reconnaissant l'indépendance des États-Unis, de nombreux «loyalistes» anglais viennent s'installer au Canada.

1791 : l'Acte constitutionnel divise le territoire laurentien en deux provinces, le Bas-Canada (francophone) et le Haut-Canada (anglophone) ; à l'ouest, George Vancouver prend possession de la côte du Pacifique au nom de l'Angleterre.

1840 : l'Acte d'union réunit Haut- et Bas-Canada ; la langue française n'a plus d'existence légale.

1867 : création de la Confédération canadienne, unissant quatre provinces (Québec, Ontario, Nouvelle-Écosse et Nouveau-Brunswick).

1869-1871 : les territoires de la Compagnie de la baie d'Hudson et la Colombie Britannique sont réunis à la Confédération.

1887 : le premier train transcontinental relie Montréal à Vancouver.

1896 : ruée vers l'or dans le Klondike (Yukon).

1931 : le Statut de Westminster consacre la souveraineté du Canada, dominion totalement indépendant de la métropole.

1949 : Terre-Neuve, dominion depuis 1917, devient la dixième province du Canada.

1965 : naissance du drapeau «unifolié» (feuille d'érable rouge sur fond blanc, encadrée de deux bandes rouges), mais l'ancien pavillon (Union Jack sur fond rouge, portant les armes canadiennes), créé en 1763, est encore utilisé.

que l'on survole avant d'atterrir donnent d'emblée une idée exacte du pays : forêts immenses, sillonnées par de multiples rivières coupées de cascades et de chutes, parsemées de lacs (un million, dit-on, pour le seul Québec) émaillés de chapelets d'îles et de presqu'îles. Des arbres et de l'eau, encore et toujours... Le trajet de Mirabel à Montréal, qui fait traverser deux bras du Saint-Laurent, confirme cette impression, car la ville est construite sur une île.

Dès l'arrivée, une autre évidence s'impose : c'est le Canada, bien sûr, mais c'est surtout le Québec. Nulle part ne flotte le pavillon officiel du pays membre du Commonwealth (Union Jack sur fond rouge). Quant à l'«unifolié canadien», la feuille d'érable rouge, emblème officiel, lui aussi, depuis 1965, on ne le voit guère que sur les bâtiments fédéraux. Mais partout flotte le drapeau aux quatre fleurs de lys blanches sur fond bleu à croix blanche qui symbolise la province. Les voitures — pour la plupart de grosses américaines — s'ornent, elles aussi, des fleurs de lys d'origine française, avec la devise du Québec : «Je me souviens.»

Montréal, première ville du pays — talonnée de très près par Toronto (au dernier recensement, 2 800 000 habitants contre 2 750 000) — et deuxième ville francophone du monde (si l'on n'y regarde pas de trop près, car le tiers anglophone a tendance à augmenter), affiche sa personnalité par rapport au reste de la Confédération canadienne. Pourtant, fondée en 1642 par Maisonneuve et Jeanne Mance, qui installèrent un établissement religieux, Ville-Marie, sur un archipel jusque-là habité par des Indiens Hochelagas, la cité aurait pu connaître un destin de creuset, de *melting-pot*, comme disent les Américains. Le site s'y prêtait, au confluent du Saint-Laurent, qui, largement ouvert sur l'Atlantique à l'est, se resserre ici vers l'ouest et les Grands Lacs, et de l'Ottawa, qui vient de l'ouest, tout près aussi du confluent de la Richelieu, qui, au sud, mène facilement au lac Champlain, à l'Hudson et à New York. Montréal est bien devenue un grand port et un centre commercial et industriel, mais l'osmose francophones-anglophones ne s'y est réalisée que d'une façon superficielle, et il est rare,

dans les milieux populaires, de rencontrer des gens parlant couramment les deux langues.

Peu importe, après tout, car il fait bon vivre à Montréal. Si, vus du Saint-Laurent, les gratte-ciel du quartier des affaires donnent à la cité un incontestable air de famille avec New York, on oublie vite cette impression en ville où, même en dehors des vieux quartiers français aux solides pierres grises — place d'Armes, place Royale, place Jacques-Cartier —, le rythme de

◄

La peinture murale, qui transforme les surfaces nues des immeubles de Montréal en fresques hautes en couleur, est une mode récente, importée des tout proches États-Unis.
Phot. Schwart-Image Bank

la circulation a su rester calme. L'été, sur la place Jacques-Cartier, les terrasses des cafés et des restaurants fleurissent, comme à Paris, à Rome ou à Madrid. Avec, depuis quelques années, les nouveaux saltimbanques du XXᵉ siècle, routards, hippies ou étudiants, qui grattent la guitare et font quelquefois la « manche ».

L'été, toujours, où chaque pelouse se couvre de femmes en Bikini, tant les Canadiennes sont avides de profiter du moindre rayon de soleil

de juin à septembre, c'est, tous les week-ends, la fête à « Terre des hommes », un grand parc d'attractions installé dans l'île Sainte-Hélène à l'occasion de l'Exposition universelle de 1967. L'« Expo », comme on disait ici, n'a duré qu'une saison, mais on a conservé certaines installations, la grande roue et quelques pavillons.

À Sainte-Hélène, il y a des tennis et une piscine pour les sportifs. Dans l'enceinte de « Terre des hommes », on peut, après avoir

visité les expositions d'art ou d'artisanat, tourner une valse ou déguster un cornet de frites arrosé de bière. Nombre de pavillons ont en effet leur orchestre, et les flonflons bavarois ont parfois bien du mal à couvrir les percussions cubaines. Tout cela dans une atmosphère d'allégresse décontractée et bon enfant à laquelle personne ne résiste.

Autre lieu de détente, la superbe colline-parc du Mont-Royal (200 ha), qui domine la ville au

▲
Vu de la colline boisée du Mont-Royal, le centre de Montréal, hérissé de gratte-ciel, présente un aspect typiquement nord-américain.
Phot. Rémy

et des restaurants, des cinémas, des bureaux. Une fois les portes franchies, on oublie le froid mordant et la neige boueuse de la rue...

Pour ces « quartiers d'hiver » — qui sont aussi, grâce à la climatisation, des « quartiers d'été », car, à Montréal, la chaleur est étouffante à partir de juillet —, un nouveau style architectural est apparu avec le complexe Desjardins. Imaginez une sorte d'immense ruche, de quelque 100 m de côté sur 50 m de haut. Au centre, une vaste cavité sur laquelle s'ouvrent, sur cinq ou six niveaux, les innombrables alvéoles de la ruche : bureaux, commerces, banques, galeries, succursales de compagnies d'aviation, grands hôtels... Au fond de la cavité centrale (dominée par des balcons à chaque étage), un orchestre qui joue ou des artistes qui se produisent. Additionnez le tout : vous avez une immense cellule où il fait bon flâner en toute saison. En face du complexe Desjardins, l'ensemble de la place des Arts, avec sa salle de concert, son théâtre et son opéra, évoque le Lincoln Center de New York. On en aura terminé avec les récentes transformations urbaines de Montréal quand on aura mentionné les installations sportives construites sur les 225 ha du parc de Maisonneuve pour les jeux Olympiques de 1976. Le stade, à lui seul, peut accueillir 70 000 personnes.

nord, est fréquentée en toute saison. L'été, on vient pique-niquer sous les hautes frondaisons, se promener, courir (le *jogging* connaît la même vogue au Canada qu'aux États-Unis), faire de la bicyclette, jouer au tennis, au golf, au baseball, canoter, à moins que l'on ne préfère nourrir les aimables petits écureuils, si familiers qu'ils viennent manger dans la main. L'hiver, on a le choix entre le ski — un peu élémentaire, sans doute —, le patinage et la promenade, raquettes aux pieds.

Car Montréal ne craint pas le froid. L'hiver, la vie ne s'arrête pas : elle s'enterre. Depuis quelques années, une véritable ville souterraine s'est édifiée. Plusieurs kilomètres de galeries marchandes alignent des boutiques, des cafés

Québec, une ville de la vieille Europe

Québec, capitale de la province du Québec, ne compte qu'un demi-million d'habitants, mais maintient avec ferveur l'esprit « Nouvelle-France » : aucune cité d'Amérique ne ressemble davantage à une ville européenne du XVIIe siècle. Fondée en 1608 par Champlain, la ville ancienne, avec ses vieilles maisons de pierre, ses rues tortueuses, ses escaliers, semble venue

tout droit de France, et plus particulièrement de Bretagne. Édifiée sur un promontoire du cap Diamant, qui domine de 100 m le Saint-Laurent à l'endroit où celui-ci cesse d'être un bras de mer pour devenir un fleuve, c'était une citadelle commandant tout l'intérieur du Canada.

Une telle situation explique l'histoire militaire de Québec, aussi chargée que celle d'une place forte de la vieille Europe. À partir de 1687, les Anglais, en guerre avec la France,

▲
▲
Dans le vieux Montréal, une débauche de teintes vives donne un air de fête aux maisonnettes du siècle dernier.
Phot. Steinlein-Pitch

▲
Quand la neige recouvre Montréal, les « calèchiers » troquent leurs fiacres contre des traîneaux pour promener les amoureux dans les allées du parc du Mont-Royal.
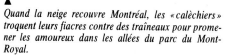
Phot. Ziolko-Top

commencèrent à lorgner sérieusement l'empire édifié outre-Atlantique par les Cartier, les Champlain et leurs aventureux compagnons. De leurs bases de la Nouvelle-Angleterre, ils ne cessèrent d'attaquer — par mer ou par terre — Québec, le verrou qu'il fallait obligatoirement faire sauter. En 1629, Champlain capitula après un an de siège, mais — on le sut plus tard — la paix était déjà signée, et la France récupéra la ville. 1690 : nouvelle guerre, nouveau siège ;

le gouverneur Frontenac tient. Plus tard, on modernise les fortifications (ce sont celles dont on peut admirer aujourd'hui le classicisme). Enfin, en 1756, c'est la guerre de Sept Ans, opposant la France et l'Autriche à l'Angleterre et à la Prusse : le 26 juin 1759, les 27 000 Anglais du général Wolfe, à bord de 277 bâtiments, investissent la forteresse tenue par Montcalm. Trois mois de siège et de bombardements pour en arriver, le 13 septembre, à une ruse de

guerre si éventée qu'on se demande comment elle put réussir : à la faveur de la nuit et du brouillard, quelques marins anglais se font passer pour un transport de ravitaillement ami et prennent pied à l'arrière du dispositif français, là où on ne les attend pas, à quelque 20 km du général en chef Montcalm et de ses meilleures troupes, qui ne parviennent pas à redresser la situation. Le 18, la place tombe, mais les deux chefs, Wolfe et Montcalm, ont déjà payé de

▲
Inspiré des palais de la Renaissance, l'hôtel Château Frontenac domine de sa masse imposante la ville de Québec et les quais du Saint-Laurent.
Phot. Bonillo-Atlas-Photo

▶
Québec : engourdie sous sa chape de neige avec sa fontaine, son petit square et ses vieilles maisons, la pittoresque place d'Armes, cœur de la ville haute, attend l'été qui ramènera flâneurs et artistes.
Phot. Melville-Fotogram

le pays hiver comme été : les courses de canots sur le Saint-Laurent, la Saint-Maurice, la Haute-Lièvre, la traversée à la nage du lac Saint-Jean, les parties de sucre (d'érable), les fêtes du bleuet (une sorte de myrtille dont on tire un vin), tel festival du saumon, de la morue, de la crevette ou du homard, qui dure huit jours et où le héros de la fête est dégusté à toutes les sauces, dont une à base de pastis !

Et quand il n'y a pas de fête, quand on ne fait pas de ski, de raquettes, de randonnée ou de ski-doo (génial scooter des neiges inventé par un Canadien, mais fabriqué au Japon), on peut toujours pêcher (le saumon, la truite, le doré) ou chasser (la perdrix, le lièvre, le cerf, le caribou, l'ours ou l'orignal, l'élan canadien). Le paradis des pêcheurs est le massif doucement vallonné des Laurentides, au nord de Québec. Un parc national de 10 000 km² y a été créé dès 1895 pour promouvoir les activités rurales et protéger les caribous. On y compte quelque 1 500 lacs et 700 cours d'eau, où pullulent les truites mouchetées.

Au nord des Laurentides, le lac Saint-Jean est le plus connu du Québec, sans doute à cause de ses dimensions (45 km sur 34) et de son rôle historique au temps de la traite des fourrures, mais ses berges plates manquent de pittoresque. Il ne vaudrait pas le déplacement s'il n'était le point de départ de la descente du Saguenay, somptueuse rivière-fjord qui, en 104 km, rejoint l'estuaire du Saint-Laurent entre des rives à pic dépassant parfois 450 m. Elle traverse Chicoutimi, ville au nom évocateur (en indien « Tête-de-Boule », « Jusqu'où c'est profond »). Au confluent du Saint-Laurent, dans un site superbe, s'élève le plus ancien établissement européen permanent de l'Amérique du Nord, Tadoussac, où Jacques Cartier, à son deuxième voyage, débarqua le 1er septembre 1535. Prototype de toutes les églises de bois que l'on trouve partout de l'Atlantique au Pacifique, au Canada comme aux États-Unis, sa jolie petite église blanche à toit rouge, surmontée d'un clocher pointu, date de 1747.

La Gaspésie
et les Indiens de la Restigouche

De Tadoussac, un ferry-boat (un « traversier », comme on dit ici) permet d'atteindre le Québec de la rive sud du Saint-Laurent et la Gaspésie, qui annonce les Provinces maritimes. Quittant une région essentiellement forestière et agricole (le grenier du Québec), on pénètre dans un pays marin où la pêche tient une place prépondérante. À l'époque de la colonisation, les gouverneurs de la Nouvelle-France concédaient fiefs et seigneuries aux anciens officiers. Aussi manoirs, belles demeures et moulins du XVIIIe siècle sont-ils fréquents, comme les ponts couverts typiques de la région.

Vers l'est et Gaspé, l'estuaire du Saint-Laurent s'élargit rapidement et, très vite, on ne distingue plus la rive nord. La navigation, dès

leur vie, le premier sa victoire, le second sa défaite. En 1763, le traité de Paris cède à l'Angleterre le Canada français, sans que Voltaire, exprimant parfaitement l'opinion publique, porte le deuil de ces « quelques arpents de neige ».

Sur la place d'Armes, un musée présente une maquette animée qui explique clairement les diverses opérations militaires qui se sont déroulées devant Québec. De l'autre côté de la place, dominant la ville et le fleuve, s'élève l'un des plus curieux (et des plus imposants) hôtels du monde, le célèbre Château Frontenac au toit vert-de-gris, construit en 1892 par le Canadian Pacific Railroad. Inspiré, paraît-il, par la Renaissance française (mais personne ne vous oblige à le croire), c'est l'un des rares survivants du style « palace victorien ».

La joie de vivre au Québec

Les autres villes du Québec portent en général un nom évocateur (Trois-Pistoles, Rivière-du-Loup, Lachute, Pointe-aux-Trembles),

▲

En aval de Québec, l'estuaire du Saint-Laurent est souvent couvert de nuages bas, qui se transforment aisément en brouillards dangereux pour la navigation.
Phot. F. Daussint

religieux (Sainte-Foy, Saint-Jérôme, Sainte-Thérèse) ou indien (Chicoutimi, Shawinigan, Chibougamau). On y trouve souvent un couvent et presque toujours une église au toit métallique brillant, parfois orné de coupoles. Les maisons sont en pierre ou en bois, et le touriste français s'enchante à la lecture des enseignes (les entreprises de pompes funèbres, florissantes outre-Atlantique, sont des « salons » ou des « foyers » funéraires, les carrossiers s'annoncent comme des « débosseleurs », et les tapissiers comme des « rembourreurs »...).

Les habitants de ces villes et de ces villages à vocation agricole et forestière sont de joyeux vivants. Beaucoup d'émissions de télévision leur sont consacrées, et il n'est pas rare de voir tout Natashquan ou une partie de Trois-Rivières venir danser devant les caméras à l'occasion de quelque anniversaire. On en profite pour proclamer que cet endroit est le plus agréable du monde, le maire le plus intègre des administrateurs, la femme du pharmacien la plus vertueuse des épouses, et on n'oublie pas de « saluer la parenté » des bourgs voisins. Ainsi se justifie le slogan de « la joie de vivre au Québec », avec les innombrables fêtes qui animent

▶

À l'automne, les forêts du massif doucement vallonné des Laurentides, au nord de Québec, se parent d'une somptueuse livrée d'or et de pourpre.
Phot. Lauzon-Afip

Double page suivante :
Solitaire et un peu mystérieux, le lac Hertel, serti dans la verdure au sud de Québec, est l'un des nombreux attraits de la très touristique vallée de la Richelieu, un petit affluent du Saint-Laurent.
Phot. Barbier-Atlas-Photo

les premières explorations, y fut toujours active, et presque chaque village garde le souvenir d'un ou de plusieurs naufrages, car les brouillards sont fréquents. Le sinistre le plus important compte d'ailleurs parmi les grandes catastrophes maritimes : le 29 mai 1914, non loin de Rimouski, l'*Empress of Ireland,* abordé de nuit par le *Storstad,* coula en un quart d'heure, et 1 140 personnes se noyèrent.

Dans la péninsule qui s'avance entre le Saint-Laurent et la baie des Chaleurs, le parc de la Gaspésie est une des plus belles régions du Québec. S'étendant sur 1 289 km² dans les monts Chic-Choc, prolongement des Appalaches, où des sommets découpés (1 310 m au mont Jacques-Cartier) dominent des vallées encaissées, c'est l'endroit le plus montagneux du Canada jusqu'aux Rocheuses. On peut y observer un troupeau de caribous de quelques dizaines de têtes, des orignaux et des chevreuils, mais le parc est surtout réputé pour sa flore alpine. Au centre, le mont Albert, sillonné de sentiers de randonnées bien fléchés, offre un complexe d'hébergement : un hôtel, entouré de chalets, et un camping de rêve au confluent de deux rivières. Les touristes qui visitent le Canada en camping-car sont d'ailleurs particulièrement gâtés au Québec, où les terrains gérés par la province sont toujours installés aux meilleurs emplacements : beauté du site, calme et confort.

Un peu plus à l'est, à l'extrémité de la péninsule de Gaspé, le parc de Forillon, plus petit, mais plus spectaculaire que celui de la Gaspésie, domine l'entrée de la baie de Gaspé, l'une des plus belles rades du monde avec ses 32 km de profondeur. C'est là que débute l'histoire du Canada : fuyant la tempête, Jacques Cartier s'y réfugia lors de son premier voyage, le 24 juillet 1534, et, pour prendre possession du pays au nom du roi de France, planta, devant les Indiens étonnés, une croix de bois de 30 pieds (une dizaine de mètres). Quatre siècles plus tard, une croix de granite, mesurant également 30 pieds, a été érigée sur son emplacement. Au sud de Gaspé, à Percé, deux curiosités : l'énorme rocher dans lequel la mer a creusé une arche de 20 m de haut et, à

quelques encâblures au large, l'île Bonaventure, qui, avec ses 50 000 fous de Bassan, abrite la plus nombreuse des 22 colonies de ces oiseaux existant encore dans le monde.

Et tout à coup, en longeant vers l'ouest la côte nord de la baie des Chaleurs (Champlain l'explora en été, par un temps particulièrement torride), un changement : les villages se nomment Chandler, Newport, Hope Town, New Carlisle... Il n'y a plus une seule petite église blanche par village, mais deux, voire trois ou quatre : une pour le culte catholique, les autres

Les peaux d'animaux sauvages, qui firent jadis la fortune des Indiens et des premiers coureurs des bois, sont restées une ressource appréciable pour le Canada, qui fournit le quart du marché mondial.
Phot. Vogel-Rapho
▼

pour les religions réformées. C'est toujours le Québec, mais aux colons d'origine française se sont joints des «loyalistes», colons anglais qui, fidèles à la Couronne, ont préféré, après l'indépendance des États-Unis, s'exiler au Canada, demeuré colonie britannique. Ils y ont retrouvé d'autres proscrits : des descendants des Acadiens chassés de la Nouvelle-Écosse par les Anglais. Les trois communautés cohabitent paisiblement, mais se mélangent peu.

◄

Sport très répandu pendant la belle saison, le canoë, en hiver, n'est guère utilisé que par les trappeurs sillonnant le nord du Québec à l'époque où le poil des bêtes à fourrure est le plus épais.
Phot. Rémy

Au fond de la baie des Chaleurs se jette le fleuve Restigouche. En le remontant sur quelques kilomètres, on découvre un paysage qui, à l'exception d'un pont, est resté tel qu'il était il y a des millénaires. Large et paisible, parsemée d'îles boisées, la Restigouche s'étale doucement entre les forêts qui descendent jusqu'au bord de son eau verte, et l'on s'attend presque à voir, comme avant l'arrivée des Européens, les squaws d'une tribu indienne sortir d'un bosquet pour venir laver leur linge dans la rivière. Des Indiens, il y en a encore, juste avant de franchir le cours d'eau pour passer au Nouveau-Brunswick : ce sont des Micmacs, et ils habitent Sainte-Anne-de-Restigouche, un village-réserve. Comment se présente un village-réserve au Canada ? Exactement comme un autre, avec les mêmes maisons de bois sans étage, les mêmes *general stores*, les mêmes pompes à essence, mais en un peu moins pimpant. Tous les fonctionnaires — y compris les policiers — sont indiens, ou plutôt, selon la terminologie officielle, « amérindiens ».

On traverserait assez facilement un village amérindien sans s'en rendre compte si l'on n'était pas alerté par des panneaux. Il y a 2 284 réserves au Canada. Leur surface varie de quelques hectares à plus de 2 000 km², selon qu'elles sont « villageoises » ou « forestières ». 75 p. 100 des 280 000 Indiens (plus d'un habitant

Comme les autres îles de la Madeleine, éparpillées dans le golfe du Saint-Laurent entre Terre-Neuve et l'île du Prince-Édouard, Havre-aux-Maisons est peuplé d'Acadiens, venus du continent lorsque les Anglais occupèrent l'Acadie française.
Phot. Launois-Rapho

sur cent, contre 0,4 p. 100 aux États-Unis) y vivent. Les autres, complètement assimilés, se sont fondus dans la grande mosaïque ethnique du pays. On estime que les Indiens, venus d'Asie centrale par le détroit de Béring dans les temps préhistoriques, étaient environ 200 000 au début de la colonisation. L'accroissement de la population est dû au fait qu'elle a été protégée par les Anglais dès 1755, où fut nommé un surintendant des Indiens. Ceux-ci ont parfois été spoliés, surtout dans la seconde moitié du XIXe siècle, lorsque la Prairie fut lotie et mise en culture, mais il n'y a jamais eu de génocide, comme aux États-Unis.

Dans les Provinces maritimes, le souvenir des Acadiens

Enserré entre le Québec du Sud et les États-Unis, le Nouveau-Brunswick est l'une des quatre Provinces maritimes. Comme dans les trois autres (Nouvelle-Écosse, île du Prince-Édouard, Terre-Neuve), la côte déchiquetée, ourlée d'îles, évoque la Bretagne, la Cornouailles ou l'Irlande. C'est assez dire que ces provinces sont pittoresques, mais pauvres. Leur économie, essentiellement basée sur la mer et la forêt, est déficitaire. L'arrêt de travail saisonnier d'une bonne partie des quelque 2 millions d'habitants est en grande partie responsable de l'important taux de chômage canadien. Un bon tiers de la population, d'origine acadienne, est francophone, mais l'accent est différent de celui du Québec. Le drapeau aussi : plus de fleurs de lys, mais un drapeau français, frappé, en haut de sa bande bleue, d'une étoile d'or. C'est le drapeau acadien qui flotte un peu partout sur la côte, surtout dans le joli port de pêche de Caraquet (morue, homards, crabes), où tout, jusqu'aux grands fûts de pétrole faisant office de poubelles, est tricolore !

◄
À l'extrême nord de la Gaspésie, le village de Cloridorme, traversé par la rivière du même nom, vit de la pêche côtière à l'entrée de l'estuaire du Saint-Laurent.
Phot. F. Daussint

▲
À quelques kilomètres en aval de Québec, sur le Saint-Laurent, la vaste et fertile île d'Orléans cultive encore les fraisiers dont les pionniers de la Nouvelle-France apportèrent jadis les premiers plants.
Phot. Rémy

Près de Caraquet, un émouvant «village à l'ancienne» fait revivre, dans ses moindres détails, l'existence quotidienne des Acadiens, les premiers colons français du Canada et même — ils en sont fiers — les premiers Européens établis en Amérique du Nord. Sur plusieurs hectares, fermes, moulin, forge, menuiserie, sècherie de morue, épicerie, taverne, tous authentiques, regroupés après avoir été démontés pièce par pièce, ont retrouvé leur fonction; les habitants, cultivateurs ou artisans, en costumes d'époque fabriqués à partir d'étoffes tissées sur place, avec la laine des moutons que l'on élève ici, travaillent avec les mêmes outils que leurs ancêtres.

Il y a de nombreux exemples, au Canada, de ces passionnants musées vivants, matérialisation de la notion de patrimoine national commune à toute l'Amérique du Nord (sauf, peut-être, au Québec, où elle commence à peine à se faire jour). Près de Fredericton, en 1966, on a transporté tout un village que la construction d'un barrage allait submerger. Ses bâtiments, largement dispersés, s'étagent, au milieu des champs et des jardins, au-dessus de la magnifique rivière St. John, si calme qu'on a peine à distinguer dans quel sens elle coule. C'est Kings Landing, où une douzaine de maisons, deux immenses fermes, une scierie à eau, une forge, un magasin, une école, une église et l'auberge *The King's Head* (où l'on boit et où l'on mange comme au XIXe siècle) donnent une idée exacte de la façon dont on vivait ici il y a cent cinquante ans. Deux cents personnes habitent là et, comme à Caraquet, travaillent et vaquent à leurs occupations comme au siècle dernier.

Fredericton est une charmante petite capitale résidentielle de 25000 habitants, où d'admirables maisons victoriennes se prélassent sous des frondaisons qui atteignent facilement 20 m de haut et où les écureuils n'hésitent pas à traverser les rues. C'était la patrie d'adoption de lord Beaverbrook, le magnat qui domina la presse anglaise pendant un demi-siècle.

Il n'y a pas grand-chose à dire de Saint-Jean, la grande ville industrielle du Nouveau-Brunswick, si ce n'est pour déplorer la façon dont on y a défiguré une curiosité naturelle : les chutes réversibles de la St. John, qui, dans un défilé rocheux de 140 m de large, coulent dans un sens ou dans l'autre au rythme des marées. Des installations pétrolières dominent le défilé et y déversent leur mousseuse pollution. Signalons aussi que Saint-Jean, dont le développement est dû aux «loyalistes», est le point de départ du Canadian Pacific Railroad, qui, *coast to coast*, traverse tout le continent jusqu'à Vancouver.

Au sud s'étire la Nouvelle-Écosse, presqu'île reliée au Nouveau-Brunswick par un isthme d'une quarantaine de kilomètres de large. C'est ici la vraie, l'ancienne Acadie, peuplée de Français dès 1604. À cette époque, le pays, aujourd'hui pauvre, était riche. À force de patience et de savoir-faire, des paysans laborieux parvenaient, avec une technique importée du Poitou, à arracher des terres à la mer et aux marais. Ce succès causa leur perte : en 1755, les Anglais, maîtres de l'Acadie depuis le traité d'Utrecht (1713), profitèrent du refus des Acadiens de s'engager à combattre les Français du Canada pour les déporter en masse et s'emparer des terres défrichées. Ce fut le «Grand Dérangement», l'un des premiers génocides des temps modernes (et l'un des plus méconnus), ordonné par le gouverneur à la veille de la guerre de Sept Ans. Sur quelque 18000 déportés, jetés sur les côtes des colonies anglaises du Massachusetts à la Louisiane, il n'y eut que 5000 rescapés. Certains Acadiens, aidés par les Indiens, parvinrent à se réfugier au Nouveau-Brunswick et au Québec. Les scènes les plus dramatiques eurent lieu à Grand-Pré, où se dresse aujourd'hui la statue d'Évangéline, l'héroïne du long poème écrit par l'Américain Henry Longfellow en souvenir de la tragédie du peuple acadien.

Capitale de la Nouvelle-Écosse aux longues falaises nappées de brume, Halifax, le grand port canadien de l'Atlantique, est une ville prévictorienne (maisons de brique et de bois), qui, en 1917, subit une terrible catastrophe : le 6 décembre, le cargo français *Mont-Blanc* fut percuté par le navire japonais *Imo*. Sa cargaison de trinitrotoluène et d'acide picrique explosa. Bilan à peine croyable : 2000 morts, autant de blessés, 8000 sans-abri, tout le nord de la ville rasé !

À l'est du Nouveau-Brunswick se trouve la plus petite (5600 km², 120000 habitants) des

Saint-Pierre -et- Miquelon

À une vingtaine de kilomètres au sud de Terre-Neuve, le petit archipel de Saint-Pierre-et-Miquelon est le seul vestige de l'empire que la France possédait au XVIIIe siècle en Amérique du Nord. Fréquenté par les marins français dès le XVIe siècle, habité depuis le XVIIe, il fut occupé à plusieurs reprises par les Anglais entre 1713 et 1814. Escale de pêcheurs normands, bretons et basques au temps de la marine à voile, base de contrebande lors de la prohibition américaine, il vit surtout, actuellement, de la pêche de la morue.

Les deux îles principales, basses, froides et marécageuses, sont Saint-Pierre, où se trouve le chef-lieu (l'archipel est un département d'outremer), et Miquelon, composée de deux terres jumelles réunies par un isthme. La ville de Saint-Pierre, port principal et aérodrome, abrite 4300 des 5000 habitants de l'archipel.

le Canada

16

▲
Les Québécois aiment l'ambiance «vieille France» que l'île d'Orléans a su préserver, et beaucoup d'anciennes fermes, soigneusement restaurées, sont aujourd'hui les résidences de citadins fortunés.
Phot. Koch-Rapho

▶
Œuvre d'un architecte finlandais, le City Hall futuriste de Toronto, composé de deux bâtiments cintrés entourant un dôme aplati, est mis en valeur par une vaste esplanade, un grand bassin et des jeux d'eau.
Phot. Pictor-Aarons

provinces canadiennes, l'île du Prince-Édouard, l'ancienne île française Saint-Jean, d'où les francophones ont disparu. On y déguste huîtres et homards, richesse du pays. Une seule ville, la capitale, Charlottetown, que l'on pourrait comparer à un grand *country-club,* entouré d'un immense terrain de golf ourlé de plages...

Terre-Neuve, la quatrième des Provinces maritimes, est vingt fois plus grande et cinq fois plus peuplée que l'île du Prince-Édouard, mais elle n'est guère plus riche, et c'est sans grand enthousiasme qu'elle fut accueillie dans la Confédération lorsqu'elle demanda son admission, en 1949. Elle est pourtant belle avec ses lacs, ses rivières, ses torrents, ses forêts, ses montagnes, ses côtes découpées et ses villages de pêcheurs sur pilotis, mais elle est située trop à l'écart pour que le tourisme fournisse un appoint substantiel aux deux activités principales : pêche et pâte à papier. C'est de là que part la Transcanadienne, la route la plus longue du monde (7 800 km), qui, en traversant deux fois la mer (entre Terre-Neuve et la Nouvelle-Écosse et entre Vancouver et l'île de Vancouver), relie l'Atlantique au Pacifique. C'est aussi la terre nord-américaine la plus proche de l'Europe et, après la Seconde Guerre mondiale, le grand aéroport de Gander, aujourd'hui presque désert, servait d'escale aux « DC-4 » et aux « Constellations » qui effectuaient les premiers vols commerciaux intercontinentaux en ralliant Shannon, en Irlande.

La province de Terre-Neuve comprend également la façade orientale du Labrador (la côte sud et l'intérieur de la presqu'île dépendent du Québec), dont Goose Bay est l'agglomération la plus importante. À cause du courant froid qui lui apporte directement l'eau de fonte des icebergs du Groenland, le Labrador, situé à la latitude de l'Irlande, ne connaît que la toundra et la taïga de la Laponie...

Entre le Labrador, Terre-Neuve et la Gaspésie, une île grande comme la Corse et à peu près déserte verrouille le golfe du Saint-Laurent : Anticosti, qui, après avoir été longtemps la propriété du chocolatier français Menier, a été rachetée par le Québec pour en faire un parc national.

L'Ontario,
homologue anglais du Québec

Province des Grands Lacs, l'Ontario est à peu près, pour les anglophones, ce que le Québec est pour les francophones : la région du peuplement historique du Nouveau Canada par les colons anglais. Lorsque la France perd le

▲
À Ottawa, capitale fédérale du Canada, la relève de la garde devant le Parlement s'effectue avec un décorum tout britannique.
Phot. Koch-Rapho

Canada, en 1763, seul le Québec est vraiment peuplé. Le Nord est désert, en dehors de quelques postes de traite établis, de-ci de-là, par les coureurs des bois qui se sont aventurés vers la baie d'Hudson, à la recherche des fourrures rassemblées par les Indiens.

Au sud, les Anglais sont également très peu nombreux dans la région limitrophe des colonies d'Amérique. Un pays immense, vallonné et boisé, qui, outre les Grands Lacs, véritables mers intérieures, compte quelque 250 000 plans d'eau. Curieusement, c'est la révolte des colonies américaines qui va assurer le peuplement de ce grand vide : les Anglais y amènent des troupes et des colons, et, après l'indépendance des États-Unis, de nombreux «loyalistes» s'y établissent, l'Acte constitutionnel de 1791 ayant divisé la colonie en Bas-Canada francophone à l'est et Haut-Canada anglophone à l'ouest.

Historiquement, la grande affaire du Haut-Canada n'est pas la rivalité anglo-française, mais le désaccord anglo-américain : après la révolte, la guerre de 1812 explique que l'Ontario soit encore, près des Grands Lacs et de la frontière des États-Unis, jalonné de vieux forts. Parfaitement entretenus, ils sont ouverts aux visiteurs. Dans leurs enceintes de rondins, familières à tous les amateurs de westerns, des étudiants reconstituent chaque été des combats en uniformes d'époque, au son du clairon et des feux nourris d'une inoffensive mousqueterie. Le fort Henry, à Kingston, près de deux cents ans après sa construction, passerait brillamment une revue de détails : fossés, ponts-levis, bastions, fascines, canons, tout est impeccable, et il ne manque pas un bouton de guêtre aux sentinelles en habit rouge.

Ce sens du patrimoine *(heritage)* ne se limite pas à la chose militaire : villages de pionniers, reconstitués ou conservés, vieilles mines remises en état, campements indiens, postes de traite et fêtes folkloriques témoignent, un peu partout, du soin qu'apportent les Ontariens à retrouver et à préserver les témoignages de leur jeune passé.

Dans cette région plantureuse, la méthode de mise en valeur (à la fin du XVIIIe siècle, la terre fut divisée en carrés de 1 mile [1 609 m] de côté) a fait naître un habitat dispersé typiquement anglo-saxon. Un sol fertile, un sous-sol riche, une énergie hydraulique abondante, une voie

◄

Arrivée de la diligence dans la grand-rue d'Upper Canada Village, où a été reconstituée, avec des bâtiments et des accessoires authentiques, l'ambiance d'un village canadien du siècle dernier. (Près de Morrisburg, au sud-est d'Ottawa.)
Phot. Koch-Rapho

▲
*Au bord du lac Érié, des bungalows de pêcheurs
offrent une retraite paisible aux citadins surmenés du
« Fer à cheval d'or », la grande zone industrielle qui
entoure Toronto.*
Phot. Binois-Pitch

naturelle — le Saint-Laurent — permettant des communications faciles vers l'Atlantique et le Vieux Monde, tous ces atouts ont fait de la région de Toronto, entre le lac Ontario et le lac Érié, le « Fer à cheval d'or » du Canada. Sur ce fer à cheval, usines d'automobiles, fabriques de pâte à papier, centrales électriques et cimenteries se pressent sur près de 200 km, jusqu'à la frontière des États-Unis et aux chutes du Niagara, communes aux deux pays. De part et d'autre, deux villes portant le même nom (Niagara Falls), reliées par deux ponts. La frontière partage la rivière Niagara en passant par Goat Island (« île de la Chèvre », américaine). La chute canadienne, dite « du Fer à cheval », tombe d'une hauteur de 57 m. Il faut la voir le soir, quand les rayons du soleil couchant embrasent ses nuages d'embruns de scintillements irisés.

Trottoirs, plates-formes et échelles permettent d'accéder à la « Grande Gorge ». On peut aussi, en prenant un bateau, arriver presque au pied de la cataracte. La nuit, des projecteurs de toutes les couleurs illuminent les chutes. Un restaurant tournant, situé au sommet d'une tour de 165 m, offre un panorama inégalable sur ce spectacle unique, surtout l'hiver, lorsque le gel l'enjolive de gigantesques stalactites.

Niagara Falls fut la première capitale du Haut-Canada. En 1794, le gouverneur décida de transporter celle-ci plus au nord, sur le lac Ontario. D'abord baptisée Fort York, la ville est devenue Toronto, la *Queen City* (la « ville-reine ») à laquelle les Montréalais ménagent d'autant moins leurs sarcasmes qu'ils savent bien qu'elle ne tardera pas à supplanter Montréal. Cité d'affaires, avec des gratte-ciel et un port particulièrement actif, Toronto possède un hôtel de ville ultra-moderne, formé de deux immenses tours incurvées, enserrant la Chambre du conseil, recouverte d'un dôme presque plat. Cet ensemble futuriste est dû à l'architecte finlandais Viljo Revell. À noter aussi la tour la plus haute du monde, la Canadian National Tower (540 m).

Mais l'Ontario ne se limite pas à la zone industrielle du sud. C'est aussi, à l'ouest et au nord, dans la grande forêt sauvage, des myriades de rivières et de lacs, certains suffisamment vastes pour que l'on y organise des croisières, tel le lac Timigami aux 1 600 îles. Quantité de camps accueillent chasseurs et pêcheurs, sou-

vent transportés par la voie des airs, les petites compagnies aériennes étant nombreuses dans cet immense pays où l'avion et l'hydravion pallient l'absence de routes. L'Ontario, c'est aussi le coffre-fort du Canada avec Timmins et ses douze mines d'or de la rivière Porcupine, d'où sont sortis plus de 1 000 milliards de dollars en pépites...

La capitale de l'union Bas-Canada-Haut-Canada, créée en 1840, commença par être curieusement itinérante, se déplaçant de Kingston à Montréal et de Québec à Toronto. En 1857, la reine Victoria décida d'en finir et désigna la ville d'Ottawa, qui devint, en 1867, la capitale définitive de la nouvelle Confédération. « Tout à fait par hasard », dit-on quelquefois. Si c'est véritablement le cas, le hasard s'est montré diplomate en plaçant la nouvelle capitale entre Montréal et Toronto. Située sur la belle rivière Ottawa — qui conduit tout droit à Montréal — et sur le canal Rideau — transformé l'hiver en patinoire —, la ville est plaisante, ouverte, fleurie, accueillante. Peut-être manque-t-elle un peu d'animation, mais n'est-ce pas le cas de la plupart des capitales administratives ? ■

Gérald PECHMÈZE

À cheval sur la frontière entre le Canada et les États-Unis, les spectaculaires chutes du Niagara attirent chaque année des millions de visiteurs venus du monde entier.

Phot. Pillonel-Fotogram

le Canada

20

Winnipeg, carrefour du Canada

Si l'Est canadien est un pays de vieille civilisation (à l'échelle américaine et surtout nord-américaine, où trois siècles constituent déjà un lointain passé), l'Ouest a toutes les caractéristiques des pays neufs : dans des paysages pratiquement inviolés, chaque habitant peut évaluer son espace vital en chiffres imposants (en Colombie Britanique, une famille de trois personnes dispose d'un bon kilomètre carré). Il ne suffit évidemment pas qu'un pays soit peu peuplé pour être agréable à visiter (les touristes ne sont pas très nombreux dans la Prairie), mais quand, en plus, il est beau comme les montagnes Rocheuses ou le Grand Nord, il mérite un détour, fût-il de quelques milliers de kilomètres.

Passé le lac des Bois et ses 14 600 îles, finie la forêt ! Ici commence la Prairie, l'immense plaine centrale de l'Amérique du Nord, qui s'étend jusqu'au golfe du Mexique. Jadis peuplée de millions de bisons, aujourd'hui transfor-

mée en un océan de blé, elle s'étire sur 1 300 km d'est en ouest, au sud des provinces du Manitoba, de la Saskatchewan et de l'Alberta où elle s'élève insensiblement, par de molles ondulations couvertes d'herbages, pour venir buter sur le rempart des Rocheuses. Dans la Prairie, plate, monotone, vouée à la culture des céréales, seuls émergent de la houle des épis les hauts silos, où l'on stocke le grain, et les bouquets d'arbres qui, de loin en loin, signalent une ferme isolée. Pas de quoi ouvrir une agence de voyages ! L'été est orageux et chaud, l'hiver sec et rigoureux. Après les labours et les semailles, lorsque le blé s'est bien vendu, l'industriel monoculteur de Saskatoon ou de Brandon abandonne la Prairie livrée au vent glacé qui déferle des Rocheuses et va passer quelques semaines au soleil de la Californie ou de la Floride.

Au seuil de la Prairie, Winnipeg, capitale du Manitoba, est plus un passage obligé qu'un lieu de villégiature. Située au confluent de la rivière Rouge et de l'Assiniboine, la ville remonte au fort fondé en 1738 par le Français Pierre de La Verendrye. Devenue le siège d'un poste de traite de la Compagnie de la baie d'Hudson, Winnipeg dut son essor à sa situation privilé-

giée, dans le goulet formé par la frontière des Etats-Unis et les lacs Winnipeg et Manitoba : à ce véritable « carrefour du Canada », des concurrents aussi irréductibles que les deux grandes compagnies de chemin de fer, le Canadian Pacific Railroad et le Canadian National, furent contraints de se rencontrer. Tête de ligne lorsque le Canadian Pacific se lança à l'assaut de l'Ouest, Winnipeg est restée un centre important de constructions ferroviaires. Foyer de l'immigration ukrainienne au Canada, la ville possède une douzaine d'églises à coupoles de style byzantin et un musée culturel ukrainien.

Au nord de la ville, Gimli organise chaque année, en août, un festival islandais en l'honneur des pionniers qui, voici un siècle, fondèrent ce village de pêcheurs sur les bords du lac Winnipeg. Un lac qui est presque une mer (24 650 km²) et sur lequel on organise des croisières : quatre jours de bateau avec de nombreuses escales, dont la plus importante est celle de Grand Rapids, spectaculaire étranglement qui fait communiquer le lac Winnipeg et le lac des Cèdres. C'est dans ce dernier que se déverse la rivière Saskatchewan, qui a donné son nom à la province voisine.

▲
Dans la province de l'Alberta, fermes et petites villes sont disséminées au milieu des pâturages et des terres cultivées de l'une des régions agricoles les plus fertiles du Canada.
Phot. Vogel-Rapho

wan, et voilà qu'une nouvelle vague d'émigrants tente de s'emparer de leur territoire. Et cela avec l'accord du gouvernement fédéral! C'est la révolte, sous la conduite de Louis Riel, qui les a déjà défendus en 1870 au Manitoba : ils forment un «gouvernement provisoire des métis» et prennent les armes. Aux Bois-Brûlés se joignent les Indiens et les coureurs des bois, menacés eux aussi par les nouveaux venus. Les premiers engagements sont favorables aux rebelles, mais, après l'assassinat de deux pères oblats, le gouvernement envoie des renforts. Les métis et les Indiens sont écrasés. Aujourd'hui encore, Louis Riel reste le symbole de la défense des droits des minorités ethniques. Après avoir été un hors-la-loi, il est devenu un héros national. Les postes canadiennes ont édité un timbre à son effigie, et on visite, au nord-ouest de Saskatoon, les sites historiques des dernières batailles livrées par les métis révoltés.

La grande aventure du Canadian Pacific

Lorsque, en 1871, la Colombie Britannique accepte d'entrer dans la Confédération canadienne, elle y met une condition : être reliée par chemin de fer à l'est du pays. Comme aux États-Unis, où la première ligne transcontinentale fonctionne depuis 1869, l'entreprise s'annonce longue et difficile, car il va falloir franchir la barrière des montagnes Rocheuses. Et, avant d'atteindre ce redoutable obstacle, la Prairie, au centre du pays, est bien vide. Si une société s'engage à construire le chemin de fer exigé, n'y a-t-il pas lieu de concéder à celle-ci les terres situées sur le tracé de la voie, et ne doit-on pas attribuer aussi du terrain aux colons qui viendront faire pousser le grain qui emplira les futurs trains? D'ailleurs, ces terres appartiennent-elles vraiment à quelqu'un, en dehors de quelques bandes d'Indiens ou de métis ? Le plus simple est de lotir la Prairie en carrés. Le lot de base sera de 64 ha (32 dans l'Est, où le

Regina, Q. G. de la police montée

Regina, capitale de la Saskatchewan depuis 1905, appartient à la légende de l'Ouest. En 1882, le premier convoi du Canadian Pacific qui s'arrête dans l'immensité de la Prairie y déverse un contingent d'émigrants. Ils sont si nombreux que, d'emblée, ils construisent une ville au lieu-dit Wascana, vite rebaptisé Regina. Et c'est la ruée des pionniers en quête de terres nouvelles. Mais, pour immense qu'elle soit, la Prairie n'est pas déserte. Les nouveaux arrivants se heurtent à ceux qui les ont précédés, tribus indiennes, trappeurs et autres colons.

Pour rétablir l'ordre, on installe à Regina le quartier général pour l'Ouest de la gendarmerie royale, la fameuse police montée (Royal Canadian Mounted Police). C'est dans la prison de ce quartier général que, en 1885, est pendu Louis Riel, héros malheureux de la révolte des métis.

La révolte des métis est l'un des épisodes les plus tragiques de l'histoire canadienne et l'un des moins connus à l'étranger. Ces métis, dits «Bois-Brûlés», étaient les descendants des Canadiens français réfugiés, après 1760, chez les Indiens Crees et Ojibways des environs de Winnipeg. Chassés une première fois du Manitoba par l'arrivée des colons européens, ils s'étaient réfugiés à l'ouest, dans la Saskatche-

terrain est plus convoité; 128 dans l'Ouest, moins demandé). Au total, 430 000 lots sont distribués. Après un regroupement important pendant la crise de 1929, où les cours du blé s'effondrèrent, il reste actuellement quelque 200 000 exploitations, dont la surface est, le plus souvent, de 128 ha.

À l'époque du diktat de la Colombie Britannique, une ligne de chemin de fer ou plutôt deux lignes, le Chemin de fer intercolonial et le

▲

Feutre à large bord, tunique rouge et culotte bleue à bande jaune : la silhouette bien connue du Mounty, le gendarme de la police montée canadienne, aussi à l'aise sur un cheval qu'au volant d'une voiture ou aux commandes d'un avion.
Phot. Kirkland-Image Bank

◄

Jeune squaw de la tribu des Blackfoots (Pieds-Noirs), Sioux jadis nomades, qui, avant l'arrivée des Européens, vivaient de la chasse aux bisons dans la Prairie.
Phot. C. Lénars

Grand Tronc, mettent quarante jours à relier Halifax, sur l'Atlantique, à Winnipeg en passant par Montréal. Il faudra évidemment les reconstruire. Au-delà de Winnipeg, pour traverser la Prairie, il n'y a plus que le cheval ou le «wagon» bâché typique du Far West. Reste à franchir l'imposante barrière des Rocheuses, si l'on veut atteindre le Pacifique. En dépit des rapports des chasseurs, des trappeurs et des Indiens, qui annoncent des difficultés insur-

montables, le Premier ministre du Canada, John A. Macdonald, donne sa réponse à la Colombie Britannique : c'est d'accord, on construira une voie ferrée ! Mais les choses traînent. Au début de 1876, la Colombie fixe une date limite : une locomotive devra atteindre le Pacifique avant le printemps 1891. Quinze ans, pour mener à bien une telle entreprise, c'est court. D'autant que, en 1880, on en est encore à mettre sur pied l'affaire des lotissements. Le contrat signé à

Ottawa, le Canadian Pacific Railroad peut enfin se mettre sérieusement au travail en février 1881. Il reste dix ans pour exécuter le contrat... William Van Horne, l'ingénieur en chef, installe son P. C. à Winnipeg et décide qu'on construira la ligne en commençant par les deux bouts, pour se rencontrer dans les Rocheuses.

La main-d'œuvre locale est complétée par des immigrants français, anglais, allemands, italiens, slaves... et par des Chinois venus de

▲
Entourée de champs de blé qui se déroulent à l'infini, Regina, «Reine de la Prairie» et capitale de la Saskatchewan, met un point d'honneur à nicher ses pimpantes demeures dans la verdure.
Phot. Duboutin-Explorer

▶
Rendez-vous des skieurs en hiver et des varappeurs en été, le parc national de Banff, dans les montagnes Rocheuses, réserve aux simples promeneurs la découverte de sites enchanteurs. (Lac Peyto.)
Phot. Vogel-Rapho

Mongolie. Dans les gorges des Rocheuses, ces Fils du Ciel, suspendus par cinquante mètres de corde dans une cage de branchages balancée par le vent, ouvrent à la dynamite des passages dans le roc (trois fabriques d'explosifs furent construites dans la Prairie pour alimenter les chantiers). Sobres, résistant aussi bien au froid qu'à la chaleur, disciplinés, résignés, ils se révèlent les plus maniables et les plus «intéressants» des 25 000 ouvriers qui, en définitive, tiennent l'engagement pris par les politiciens, les financiers, les ingénieurs et les adjudicataires de travaux. Par contrat, ces derniers touchent une somme forfaitaire chaque fois que leurs hommes de peine gagnent un jour sur le calendrier.

Ces 25 000 hommes construisent dans la montagne d'immenses ouvrages d'art où n'entrent pas un gramme de ciment et bien peu de ferraille. Vus de loin, les ponts ressemblent à une sorte de dentelle dont chaque brin de fil serait un tronc de sapin. Point culminant de la ligne : le Kicking Horse Pass («col du Cheval-qui-Rue», 1 622 m), où le Canadian Pacific s'enfonce dans un étonnant tunnel en spirale. Sur 15 km, entre Emory et Boston-Bar, le tracé ne comporte pas moins de 22 ponts et 15 tunnels. En dépit de toutes les difficultés — il n'y a pas seulement le terrain, il y a aussi le climat ! —, les deux équipes, l'une venue de l'Est, l'autre du Pacifique, se rencontrent à Craigellachie, dans l'Eagle Pass, le 6 novembre...

▲
Grande fête annuelle des cow-boys, le stampede de Calgary présente un assortiment de spectacles équestres, parmi lesquels le rodéo a toujours la vedette.
Phot. C. Lénars

1885 ! Plus de cinq ans avant la date limite fixée par la Colombie Britannique !

La première liaison transcontinentale officielle eut lieu au mois de juin de l'année suivante. Le train ne mit que neuf jours et vingt heures pour effectuer le trajet Montréal-Vancouver, à la moyenne de 38 km/h. Plus tard, une seconde ligne fut construite, celle du Canadian National. Aujourd'hui, les deux rivales, épuisées par une concurrence sauvage, sont regroupées en une compagnie nationale, la V.I.A. Finis, les convois légendaires. Même si retentit toujours le sifflet-sirène ululant au rythme des bogies, il y a longtemps que les diesels-électriques ont remplacé les monstres à vapeur, toujours plus énormes, toujours plus puissants, qui, haletant sous leur chape de glace,

traversaient les Rocheuses par tous les temps. Ces locomotives championnes du monde (300 t) sont exposées, tels des dinosaures, au Musée ferroviaire de Saint-Constant, dans la banlieue de Montréal. Et, dans bien des villes, on peut admirer à la place d'honneur, tel un monument, la machine témoin d'un passé héroïque, comme la *Countess of Dufferin* d'Ottawa.

Le prodigieux « stampede » de Calgary

Après la traversée de la Saskatchewan, voici l'Alberta (90 p. 100 de la production canadienne de pétrole). À l'approche des montagnes Rocheuses, les boqueteaux se font plus nombreux au sommet de vallonnements modestes, certes, mais qui rompent la monotone platitude.

▲
Au stampede de Calgary, le cow-boy est roi, et les jeunes spectateurs attendent avec impatience le jour où ils pourront imiter leurs aînés.
Phot. C. Lénars

Sur de grandes surfaces, des parcs à bestiaux remplacent les champs. L'Alberta est la première région d'élevage de bovins du Canada. C'est par excellence, et autant que l'ouest des États-Unis, le domaine des cow-boys. Si Edmonton, la capitale, l'emporte sur le plan de la population, Calgary, sa rivale, se console avec son *stampede*, le plus grand rodéo du monde, qui chaque année, en juillet, transforme pour dix jours une ville de 400 000 habitants en une immense écurie. Ce *stampede* (littéralement « déferlement ») compte parmi les tout premiers d'Amérique du Nord, et, dans le genre «grand spectacle de rue», il peut se comparer au Carnaval de Rio.

Créée, en 1912, par un cow-boy qui n'avait d'autre but que de réunir des professionnels de la région, la rencontre se transforma vite en un étonnant spectacle : séances de dressage de chevaux sauvages *(broncos)* ; courses de *chuck wagons*, les célèbres chariots bâchés de la conquête de l'Ouest ; captures d'animaux au lasso... Aux cow-boys venus de partout (Arizona, Texas, Nouveau-Mexique) se mêlent les défilés des tribus d'Indiens empanachés. Ils font partie du spectacle, tout comme les touristes qui n'hésitent pas, le temps de cette folle semaine, à se déguiser en vachers : chapeau blanc à large bord, chemise rouge, pantalon brodé et bottes pointues. Des *stampedes*, il y en a partout. Les visiteurs qui ont manqué celui de Calgary peuvent se consoler avec ceux de Ponoka, de Medicine Hat (le plus ancien de la province) et de bien d'autres endroits.

Autre curiosité (permanente celle-là) de Calgary : les 46 dinosaures de ciment, grandeur et couleur nature, de l'île Saint-Georges. Ces monstres rappellent la découverte, faite au début du siècle, d'une trentaine de squelettes complets et de milliers d'ossements d'animaux préhistoriques dans la vallée de la rivière La Biche, rebaptisée depuis «vallée des Dinosauriens». À Calgary, après une flânerie nostalgique à travers l'immense Heritage Park, où sont transportés les bâtiments anciens (maisons, magasins, fermes, gare, hôtels, etc.) voués à la démolition, une dernière visite s'impose : celle de la Tour, une sorte de château d'eau, couronné d'un restaurant tournant, d'où la vue s'étend jusqu'aux Rocheuses.

Une grande muraille sans faille

Gigantesque barrière bleue, grise, noire et blanche, hérissée de pics aigus, les montagnes Rocheuses dressent à l'ouest une muraille sans faille, s'élevant d'un coup à 2 500 m au-dessus des molles ondulations de la Prairie. Un tel rempart devait arrêter pendant longtemps les pionniers les plus entreprenants. Aujourd'hui encore, au fil des kilomètres, tandis que la muraille grandit au-dessus de l'horizon sans qu'aucun passage apparaisse, on ressent une vague appréhension... Et, soudain, une étroite

▶
En Alberta, les immenses troupeaux de bovins, gardés par un cow-boy solitaire, ont remplacé les hardes de bisons qui hantaient autrefois la Prairie.
Phot. Vogel-Rapho

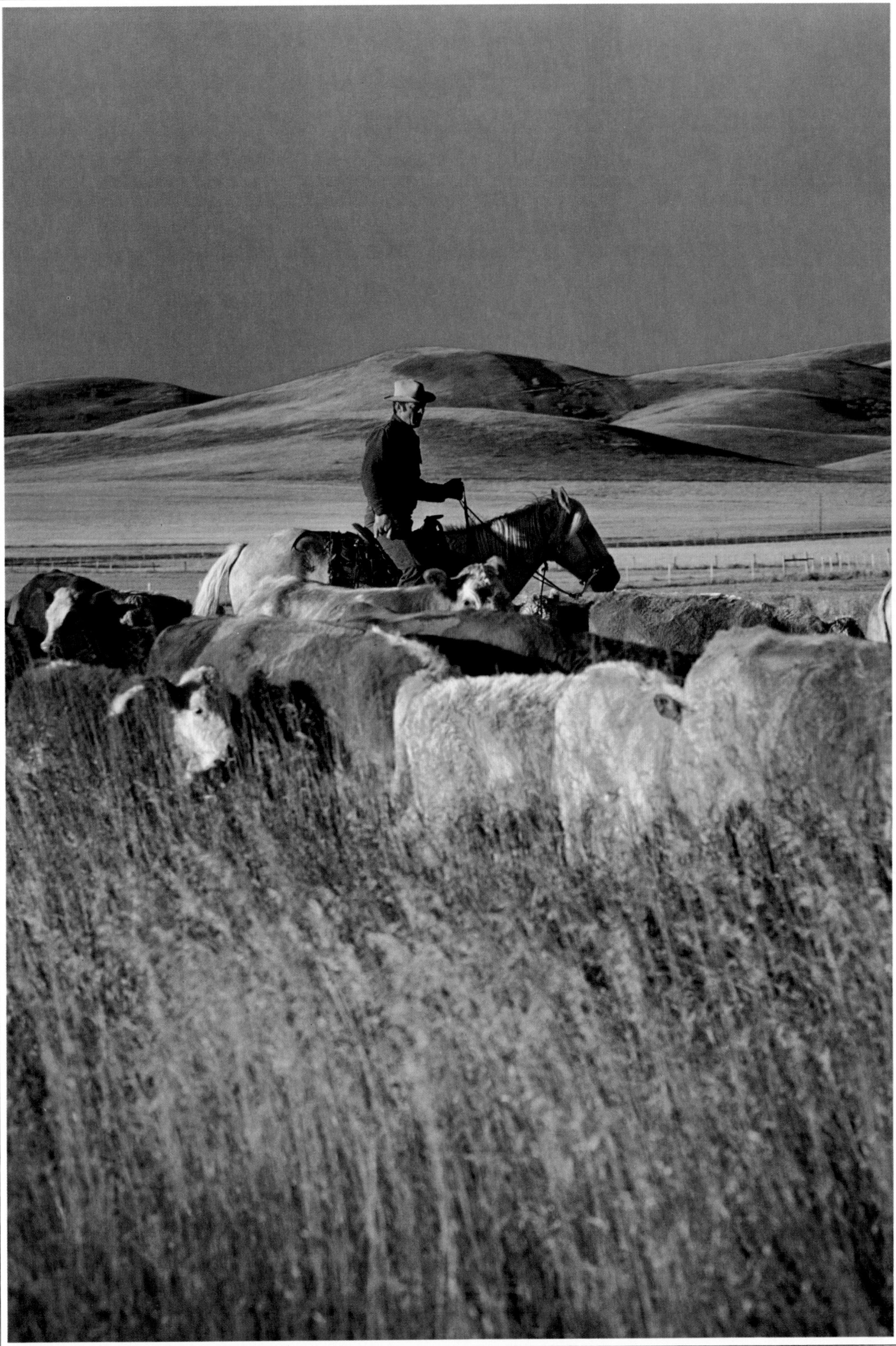

vallée marque le début d'une des plus belles promenades du monde : la traversée des Rocheuses canadiennes.

Une promenade de quelque 300 km à travers les parcs nationaux de Banff et de Jasper. Le premier a été créé en... 1885. Étonnante prescience écologique ! C'est dire que, depuis près d'un siècle, la chasse y est interdite, la faune et la flore sont protégées, les sites préservés. Pas de construction anarchique dans cette région supertouristique, mais des campings et quelques hôtels — toujours pleins, il est vrai ! — placés sous le controle des autorités fédérales.

De Banff, au sud, à Jasper, au nord, la route offre une succession de panoramas devant lesquels l'expression « à couper le souffle » cesse d'être une figure de style. Remontant du fond des larges vallées, la forêt, interrompue seulement par le mince ruban des rivières, semble ondoyer comme un gigantesque fleuve. Au-dessus des arbres, les pics vertigineux (la plupart au-dessus de 3 000 m) alternent avec les glaciers, dont certains, comme le Columbia, descendent jusqu'au bord de la route. On peut alors quitter sa voiture et parcourir les champs de glace à bord de véhicules à chenilles.

Et puis — et c'est peut-être le plus beau — des lacs dont les eaux incroyablement bleues ou vertes reflètent l'éblouissante blancheur des glaciers qui les dominent. On ne peut les citer tous, ni tous les torrents, toutes les rivières, toutes les cascades qui font des parcs des montagnes Rocheuses — Banff, Jasper, Yoho, Robson, etc. — un paradis pour les amateurs de nature sauvage. Ici, les animaux sont chez eux, et l'on prend vite l'habitude de voir un cerf coller son museau à la vitre de la voiture. Rencontrer une harde de mouflons couchés au milieu de la route est une aventure banale. Quant aux ours, pas besoin de les chercher : la difficulté serait plutôt de s'en débarrasser. Protégés depuis des générations, les ours noirs ont une fâcheuse tendance à venir musarder autour des campings ou des aires de pique-nique, où l'odeur de la nourriture les attire. En dépit des mises en garde réitérées des *rangers*, trop d'automobilistes jettent des morceaux de pain à ceux qui traversent la route. Habitués à être nourris, les ours recherchent la présence des humains et risquent de devenir dangereux. Il faut alors les abattre... Parmi les petits

◄
Familiers, quémandeurs, les ours noirs sont les hôtes habituels des parcs nationaux, mais leur allure pataude et leur air bonhomme cachent un caractère vif, et le coup de griffe est toujours à craindre.
Phot. Navarro-Sidoc

▲ *Du mont Robson, le plus haut sommet des Rocheuses canadiennes (3 954 m), dont la cime enneigée se perd dans les nuages, un énorme glacier descend jusqu'aux eaux glauques du lac Berg.*
Phot. Petit-Atlas-Photo

▶ *Ceinturé de crêtes acérées, le lac Maligne, aux eaux glacées, est l'un des joyaux du parc national Jasper, en Colombie Britannique.*
Phot. Koch-Rapho

mammifères, marmottes et écureuils sont les plus familiers et les plus facétieux. Jusqu'à venir vous manger dans la main ou à emporter prestement la tablette de chocolat, aussi grosse qu'eux, destinée au goûter des enfants !

La ruée vers l'or de la Colombie Britannique

Passé la ligne de partage des eaux, on débouche, à l'ouest, sur la Colombie Britannique, la plus pittoresque des provinces canadiennes. C'est un pays neuf, resté à l'écart de la colonisation. Au XVIIIe siècle, les Français n'avaient pas dépassé Calgary. Il fallut attendre le milieu du XIXe siècle pour que le pays prenne place dans la légende de la conquête de l'Ouest. Auparavant, seuls quelques coureurs des bois et chasseurs de fourrures s'étaient aventurés, pour le compte de l'omniprésente Compagnie de la baie d'Hudson, dans ce dédale de montagnes coupées de vallées profondes. Des explorateurs, aussi, comme Alexander Mackenzie, Simon Fraser et David Thompson, qui, à la recherche d'un passage vers le Pacifique, reconnurent les rivières qui portent leurs noms. Côté Pacifique, il n'y avait pas grand monde non plus, juste quelques postes militaires et des comptoirs commerciaux.

Tout allait changer avec la découverte de l'or. À partir de 1858, des prospecteurs venus de San Francisco et de Seattle débarquent par milliers à Vancouver. En quelques mois, 30 000 d'entre eux se ruent, au prix de mille difficultés, vers les placers de la Fraser et de la Thompson, puis dans les monts Cariboo, tandis

que d'autres arrivent de l'est par les Rocheuses. Tous n'atteindront pas leur but, et certains, séduits par les bonnes terres, s'installeront dans les basses vallées fertiles. De cette époque héroïque subsistent de nombreux vestiges, amoureusement entretenus : anciennes mines, relais, villages fantômes. Le plus célèbre de ces derniers est Barkerville, du nom d'un certain Billy Barker, un ancien marin qui, en 1862, « sortit » d'un coup 600 000 dollars d'or. D'une telle découverte jaillit une ville qui devait atteindre 10 000 habitants. Mais, comme dans beaucoup d'histoires de chercheurs d'or, Billy Barker ne sut pas rester riche et mourut dans la misère en 1894. La ville qui portait son nom, abandonnée après l'épuisement des filons, a été érigée en parc historique en 1958 et reconstruite telle qu'elle était au temps de sa splendeur, avec le théâtre, le *saloon*, la forge, le salon de coiffure et la bibliothèque. Sans oublier la maison de jeu chinoise...

Vancouver entre mer et champs de neige

Mais il n'y a pas que des montagnes et des glaciers en Colombie Britannique. Aux chercheurs d'or et aux chasseurs de fourrure succédèrent d'autres pionniers : éleveurs de la basse vallée de la Thompson, où l'on trouve les plus grands ranches ; agriculteurs de l'Okanagan, une vallée ensoleillée qui déroule, entre une succession de lacs, un chapelet de cultures fruitières : cerises, pêches, abricots (c'est au printemps, au moment de la floraison, qu'il faut visiter ce « verger du Canada »).

Parcourir la Colombie Britannique d'est en ouest, c'est jouer à saute-mouton. Des Rocheuses au Pacifique, les chaînes de montagnes, orientées nord-sud, se succèdent, enfermant littéralement la province : près d'un million de kilomètres carrés, que se partagent quelque 2 500 000 habitants, dont un tiers vit dans l'agglomération de Vancouver.

Troisième ville du Canada, Vancouver est sans doute la plus belle. Construite dans un site magnifique, à l'embouchure de la Fraser, au pied d'un cirque de montagnes presque toujours enneigées, elle jouit d'un climat tempéré, mais très humide. On prétend qu'il tombe ici plusieurs mètres d'eau par an ! Au nord, la ville, étirée le long de la côte abrupte, égrène ses ports de plaisance. En sortant de chez lui, le citoyen de Vancouver a le choix entre le bateau et le ski : mer et champs de neige sont voisins. Et si le sport ne le tente pas, il dispose de toutes les attractions du parc Stanley et d'un très beau musée d'anthropologie, qui abrite une importante collection d'art indien.

En face de la ville, de l'autre côté du détroit de Géorgie, s'étend l'île Vancouver : 440 km de long sur 100 de large. Découverte en 1774 par un navigateur espagnol venu du Mexique, Juan de Fuca, qui a donné son nom au détroit qui sépare l'île des États-Unis, puis, en 1778, par le capitaine James Cook, le premier, dit-on, à y débarquer, l'île fut officiellement « reconnue » en 1791 par un autre capitaine anglais, George Vancouver, qui passa deux ans à relever le tracé de ses côtes criblées de fjords et y établit la souveraineté britannique.

À la pointe sud de l'île, une surprise : au bout de cette terre d'aventures qu'est le Far West américain, Victoria la douce, la tranquille, vous plonge d'un coup dans le décor suranné d'une station balnéaire au temps de Dickens : magasins aux façades peintes de couleurs tendres ; vitrines à petits carreaux ; étalages de vêtements « bon genre » ; porcelaine et argenterie venues de Londres, d'Édimbourg ou de Dublin ; salons de thé ; cottages fleuris ; palaces 1900 ; jardins anglais... Ils sont loin, les farouches pionniers de la ruée vers l'or et les hardis cow-boys de l'Ouest ! Tout, ici, respire le calme et la dignité, jusqu'aux habitants, dont beaucoup sont soit des fonctionnaires (Victoria est la capitale de la Colombie Britannique), soit des retraités attirés par l'exceptionnelle douceur des hivers ensoleillés de ce microclimat.

Malgré ses 200 000 habitants, Victoria est une ville où l'on peut flâner, ce qui est rare sur le continent nord-américain. Il fait bon se promener à pied dans les jolies rues de la vieille ville, avec des haltes dans les musées : celui des voitures anciennes, où l'on peut voir une très belle collection de « Packard » ; le Musée maritime, qui abrite le canot indien semi-ponté à bord duquel le capitaine Voss partit, en 1901, pour une promenade solitaire de 64 000 km, qui le conduisit, en trois ans, jusqu'en Angleterre, via l'Australie, l'Afrique du Sud et le Brésil ; les musées de cire, pour ceux qui ont gardé une âme d'enfant ; et, surtout, le très moderne Musée provincial, qui présente, sur plusieurs

▲
À la pointe de l'île de Vancouver, Victoria, paisible capitale de la Colombie Britannique, jouit d'un climat particulièrement tempéré et d'une atmosphère très... victorienne.
Phot. Drouart-Rapho

▶
Le vaste Stanley Park occupe l'extrémité de la péninsule qui porte la très moderne Vancouver, deuxième port de mer et troisième ville du Canada.
Phot. Spiegel-Rapho

Double page suivante :
Le littoral du Pacifique est frangé d'une multitude d'îles sauvages, aux côtes déchiquetées et aux paysages grandioses. (Île Graham, une des îles de la Reine-Charlotte.)
Phot. Spiegel-Rapho

étages, des scènes de la vie de la province. Tous les objets — authentiques — sont exposés dans le décor, reconstitué grandeur nature, qui fut le leur : cabine du bateau de George Vancouver (sonorisée avec cris de mouettes et bruit des vagues), gare de chemin de fer, bureau de poste, théâtre, chantier de mine, scierie, campement de trappeurs...

Entre les musées, des parcs. Le Thunderbird Park, dont le nom rappelle le mythique Oiseau-Tonnerre des traditions indiennes, renferme 17 mâts-totems, sculptures spécifiques des Indiens qui accueillirent les Blancs à l'ouest des montagnes Rocheuses.

De petits hydravions (trois places, y compris le pilote) permettent de survoler la ville et ses environs. Ils attendent le client dans le port, entre le ferry-boat de Seattle (États-Unis) et le train de bois flotté qui vient ravitailler les papeteries toutes proches.

Exception faite des abords de Victoria et de la côte sud-est, l'île Vancouver, avec ses montagnes, ses lacs, ses forêts, ses rivières et ses immenses panoramas, est presque déserte. Sur l'unique route qui la traverse d'est en ouest, une seule ville de quelque importance : Port Alberni, nichée au fond d'un fjord profond et entourée d'une forêt où l'on peut voir, dans un site baptisé « Cathedral Grove », les plus grands (100 m de haut) et les plus vieux (huit cents ans) sapins du monde.

À l'ouest de Port Alberni, c'est la fin du voyage. La route transcanadienne, partie de Terre-Neuve, se termine officiellement ici, au bord du Pacifique, sur le quai du petit port de Tofino. Nous sommes à la latitude de Paris mais, au large des immenses plages de sable fin, les baleines batifolent et les îlots rocheux de la côte servent de refuge aux otaries.

Sur les traces de Jack London

Les caprices de la géographie politique font que la côte de la Colombie Britannique est deux fois limitrophe de celle des États-Unis : au sud,

Bariolé, incrusté de nacre, ce masque représentant le Soleil était porté par les Kwakiutls lors des potlatchs, cérémonies religieuses dont la disparition a pratiquement mis fin à toute création artistique chez les Indiens de l'Ouest.
Phot. C. Lénars

c'est l'État de Washington ; au nord, celui de l'Alaska. Entre ces deux frontières, pas de route. La chaîne côtière, couronnée de glaciers, abrupte et entaillée par des dizaines de fjords profonds, interdit tout passage terrestre. Pour gagner le Yukon par la route en partant de Vancouver, il faut donc se rabattre vers l'intérieur et contourner la chaîne côtière par la vallée de la Fraser, en suivant les traces de la ruée vers l'or des monts Cariboo. Après avoir traversé les Rocheuses, on rejoint la fameuse route stratégique de l'Alaska (2441 km de Dawson-Creek à Fairbanks), construite en neuf mois par les Américains après l'attaque japonaise sur Pearl Harbor.

Plus direct, le bateau (sur lequel on peut emmener sa voiture) conduit de Vancouver à l'Alaska avec escale à Prince Rupert. C'est la Voie maritime du Pacifique, ouverte six mois et demi par an, qui sinue à travers un labyrinthe d'îles (on en a dénombré 11 000) dressant leurs pics enneigés au-dessus d'une eau bleue de glace. Après Juneau, capitale de l'Alaska, le chenal se rétrécit jusqu'au spectaculaire passage intérieur au fond duquel on débarque à Skagway.

Il ne reste plus qu'à gagner Dawson, l'ancienne Dawson City, légendaire capitale de l'or. Plusieurs itinéraires sont possibles : par chemin de fer jusqu'à Whitehorse, par la White Pass, ou bien par Haines, en empruntant la « piste Dalton », du nom de Jack Dalton, un ancien cow-boy du Texas. Ces noms font rêver, car ce sont les mots clés de la dernière ruée vers l'or du XIXe siècle, celle qui, grâce aux récits de Jack London, a enflammé l'imagination de millions d'enfants.

En fait, on s'était rendu compte dès 1840 qu'il y avait de l'or sur les rives du Yukon, le fleuve de 3300 km de long qui traverse les étendues désertiques du Grand Nord canadien. Mais, à l'époque, la grande affaire était les fourrures, que se disputaient la Compagnie de la baie d'Hudson, la Russian Furs Company (l'Alaska était encore russe) et l'Alaska Commercial Company (américaine). Il faut attendre 1896-1897 pour que la nouvelle de la découverte d'importants filons au confluent du Yukon et

du Klondike gagne la Colombie Britannique, puis les États-Unis et le monde entier.

Alors, c'est la ruée. On rallie d'abord Seattle, le grand port du Pacifique, on fait des provisions (une tonne par personne) et, pour un bon prix, on s'entasse avec sa quincaillerie sur le bateau qui vous débarque à Skagway. De là, il faut marcher jusqu'à Whitehorse : 200 km par la White Pass, un peu plus par la Chilkoot Pass, itinéraire plus long mais plus facile, en dehors

Whitehorse, qui vit passer la ruée des prospecteurs attirés par l'or du Yukon, a gardé quelques souvenirs de cette époque fiévreuse. (Cabane de Sam Mac Gee.)
Phot. Rémy

de la Chilkoot Pass elle-même, sorte de mur de glace, pas tellement élevé (200 m environ), mais dont la pente approche 60⁰. Pour hisser là-haut sa tonne de marchandises, on conçoit qu'il faille un certain nombre de voyages. Mais pourquoi tant de matériel ? Parce que, au sommet de chaque col-frontière entre l'Alaska — maintenant américain — et le Canada, un homme de la police montée vérifie que tous les arrivants disposent de quoi survivre.

▲

Les mâts totémiques, sculptés dans un tronc d'arbre et dressés à la verticale, sont propres à la civilisation des Indiens de l'Ouest. (Village indien reconstitué de Ksan, près de New Hazelton.)
Phot. Rémy

Voici la composition d'un paquetage type, donnée par le spécialiste de l'Ouest, George Fronval : « Pour un mois de séjour, chaque prospecteur devait emporter vingt livres de farine, autant de bacon, six livres de haricots, trois livres de légumes secs, quatre livres de beurre, cinq livres de sucre, trois boîtes de lait condensé, deux livres de sel, une livre de thé, trois de café, du poivre, de la moutarde, des allumettes, des casseroles, des assiettes, une tasse, une théière, une fourchette, un couteau, un récipient pour l'eau, deux paires de bonnes couvertures, une en caoutchouc, une tente, un poêle. Il fallait également des outils, dont deux rabots, trois scies, un couteau genre *bowie*, une hache, un mètre pliant, six livres de clous, trois livres d'étoupe, six de poix, cinquante pieds de corde de 8, une paire de chaussures à crampons, des verres de protection contre la neige et quelques médicaments. »

Après les épuisants allers et retours nécessités par le transport du chargement, on arrive à Whitehorse, où l'on s'embarque sur un vapeur à aubes et double cheminée de front, type Mississippi, mais plus petit, qui descend le Yukon. Terminus : Dawson City, la nouvelle cité de l'or, qui, en quelques mois, s'est peuplée de 40 000 habitants. Une ville où tout se vend et tout s'achète... mais à quel prix ! Maisons de bois à balcons, rues boueuses à trottoirs de planches. Le nouveau chercheur d'or, baptisé *cheechako* ou *tenderfoot* («pied-tendre»), n'a plus qu'à acquérir — au prix fort — un claim, un placer ou une mine, et à jouer de la batée ou de la pioche. De l'or, il y en a, et, pendant plusieurs années, la région travaille dans la

fièvre : on estime que, en huit ans, les différents ruisseaux aurifères (El Dorado, Bonanza, Hunker, Svephur) ont fourni 100 millions de dollars de pépites et de poudre. À partir de 1906, c'est le déclin : les ruisseaux s'appauvrissent, les mines ferment, Dawson City se dépeuple. En 1953, elle perd son titre de capitale du territoire au profit de Whitehorse, mais reste — avec un millier d'habitants — un haut lieu du tourisme.

On ne va pas aussi loin uniquement pour rêver au temps passé devant des vestiges, si bien conservés soient-ils, de la ruée vers l'or. Le Yukon, c'est aussi la magie des paysages grandioses : glaciers énormes, fleuves aux mille ramifications, immenses prairies où vivent des caribous et toute une faune sauvage protégée.

▲
Ces curieuses « lunettes » en os, percées de deux fentes étroites, protègent les yeux contre l'aveuglante réverbération du soleil sur la glace.
Phot. J. Boumendil

◄
L'igloo, construction provisoire en forme de coupole, utilisée par les chasseurs esquimaux, s'édifie de l'intérieur, en entassant autour de soi des blocs de neige durcie.
Phot. J. Boumendil

Le Grand Nord, un désert riche

Le Grand Nord n'est pas une région qui se dépeuple : de 1961 à 1975, le territoire du Yukon est passé de 15 000 à 21 000 habitants, et les Territoires du Nord-Ouest (districts de Mackenzie et de Keewatin) de 23 000 à 42 000 habitants. Les minerais y sont nombreux et riches : la production minérale représente 3,1 p. 100 (1,7 p. 100 pour le Yukon et 1,4 p. 100 pour les Territoires du Nord-Ouest) de la production nationale, ce qui est considérable compte tenu de la population (0,3 p. 100). Le Canada a d'ailleurs fort bien compris l'importance du développement socio-économique du Nord : des centres de formation technique existent déjà à Inuvik, pour le Mackenzie, et à Igloolik Island, pour l'est de l'Arctique. D'autres vont s'ouvrir à Whitehorse, pour le Yukon, et à Yellowknife et Resolute Bay, pour les Territoires du Nord-Ouest. Il faut également citer les réalisations du Québec au nord de la baie de James, appendice méridional de la baie d'Hudson. Là, sur la rivière La Grande, quatre énormes centrales hydro-électriques sont en construction : leur puissance totale dépassera 10 millions de kilowatts. La centrale LG2, qui vient d'entrer en service, mesure près de 400 m de long ; elle est logée dans le roc à 90 m de profondeur, et les conduites de descente d'eau ont 25 m de diamètre. Les travaux de la baie de James ont fait éclore une ville nouvelle, Radisson, conçue pour permettre à 4 000 personnes de vivre et de travailler dans un climat où la température descend couramment à − 40 °C.

Une route, sillonnée par des camions gigantesques, relie les chantiers au Sud, mais elle est actuellement réservée aux transports de la Compagnie Hydro-Québec, responsable du pro-

gramme. Des voyages organisés permettent aux touristes intéressés de visiter par avion les énormes chantiers.

Pour mener à bien le colossal complexe de la rivière La Grande, le gouvernement québécois a dû apaiser les scrupules que la plupart des Canadiens éprouvent à l'égard des Indiens et des Esquimaux, premiers occupants d'une terre dont la jouissance leur fut garantie par des traités scrupuleusement respectés depuis des décennies. « Pourquoi ce litige ? a-t-on pu lire dans la presse. Il y a si peu de monde sur cet immense territoire que ces gens doivent pouvoir vivre de chasse et de pêche en s'accommodant d'un aménagement hydro-électrique, si vaste soit-il. »

Il est vrai que les Esquimaux du Grand Nord canadien ne sont pas nombreux : 18 000 environ. Les Inuits, comme ils se nomment eux-mêmes, sont les descendants d'Indiens de la côte du Pacifique, qui vivaient de la pêche au phoque, au morse et à la baleine. Il y a quelques siècles, ils s'enfoncèrent à l'intérieur des terres à la poursuite des caribous. Ils parvinrent ainsi jusqu'à la baie d'Hudson, où ils survécurent malgré les rigueurs du climat. Aujourd'hui, les recherches pétrolières et les travaux hydro-électriques ont considérablement modifié leur existence, mais ils semblent assez peu intéressés par le travail sur les chantiers. Lorsqu'ils abandonnent la vie nomade, la chasse et la pêche, ils préfèrent exploiter leurs talents de sculpteurs sur pierre, os et ivoire ou de peintres de scènes de chasse et de pêche, qu'ils exercent au sein de coopératives. Sans doute est-ce la sagesse. Une sagesse que pourraient leur envier les Blancs, puisqu'ils reconnaissent eux-mêmes que leur entreprise de la baie de James est peut-être bien celle d'un apprenti sorcier ■   Gérald PECHMÈZE

▲
En terre de Baffin, dans le Grand Nord canadien, les Esquimaux utilisent encore couramment le traîneau à chiens, bien que celui-ci soit de plus en plus concurrencé par les véhicules à chenilles.
Phot. J. Boumendil

►
Cavaliers indiens en Alberta, au pied des Rocheuses, dans une réserve comme il en existe dans toutes les provinces canadiennes pour les Indiens qui ne se sont pas adaptés au mode de vie occidental.
Phot. Koch-Rapho